Sonja & Maria Kofelenz

Wir Zwei
und die Yucatán Highlights

Eine viertägige Rundreise
durch die Welt der Maya

Reutte, Februar 2019

Bibliografische Information der Deutschen
Nationalbibliothek:
Die Deutsche Nationalbibliothek verzeichnet
diese Publikation in der Deutschen Nationalbib-
liografie; detaillierte bibliografische Daten sind
im Internet über http://dnb.dnb.de abrufbar.

Text: Sonja Kofelenz
Satz: Sonja Kofelenz
Fotos: Sonja & Maria Kofelenz

Herstellung und Verlag: BoD - Books
on Demand, Norderstedt

ISBN: 978-3-748183273

Auch als E-Book erhältlich.
Vorbehaltlich Irrtümer, Satz- und Druckfehler

Für Eva und Martin

Vielen Dank
für Eure inspirierenden Erzählungen!

Yucatán

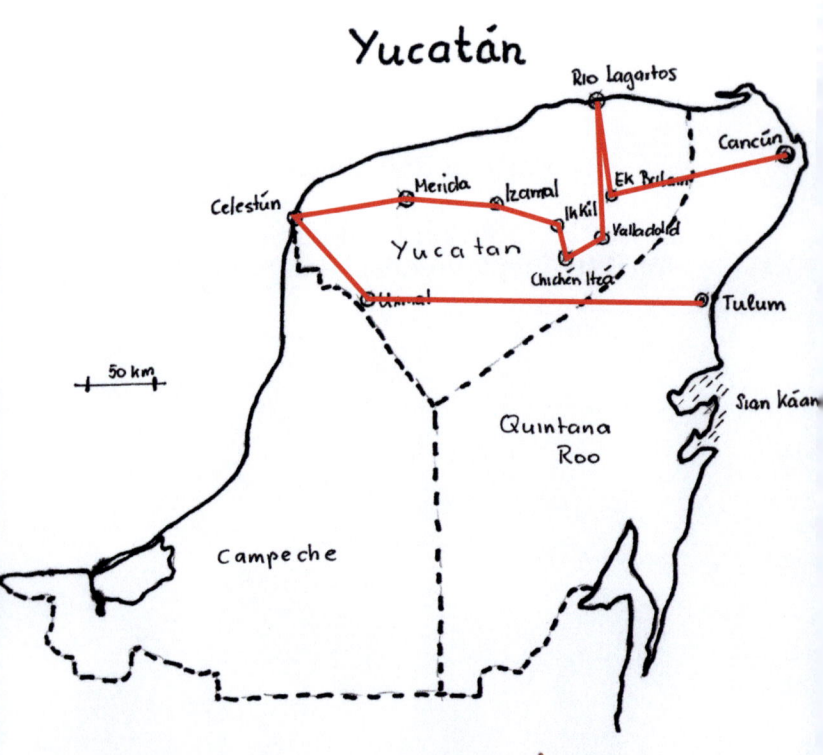

„Gehen Sie hinaus – Ich bitte Sie darum!"

Die Worte unseres mexikanischen Reiseleiters haben mich tief beeindruckt. Vorangegangen war eine von ihm bereits mehrmals erlebte Situation: Er nimmt eine neue Touristengruppe am Flughafen in Empfang und bringt sie zu ihrem Hotel. Dort wird ihm als eine der ersten Fragen Folgendes gestellt: „Wie gefährlich ist es hier und dürfen wir das Hotel alleine überhaupt verlassen?" Die Besucher erhalten daraufhin von ihm obige Antwort.

Doch woher kommen diese Ängstlichkeit und dieses Misstrauen? Welcher Eindruck wird uns in unserem vermeintlich sicheren Europa von fremden Ländern vermittelt und welche Informationen erhalten wir? Die Erklärung ist relativ einfach. Die Medien berichten nicht über freundliche, sehr hilfsbereite Menschen, über die wunderbare Landschaft oder beeindruckende Sehenswürdigkeiten. Nein, es sind die sensationslüsternen Berichte über Drogenkartelle, Morde und Kriminalität, die bei uns als ein verzerrtes Bild dieses Landes und auch anderer Länder ankommen.

Ich möchte obenstehenden Satz noch mit den Worten „Schauen Sie sich die Welt mit eigenen Augen an und bilden Sie sich selbst eine Meinung." ergänzen.

Unseren beiden Reiseleitern ist es wunderbar gelungen, uns ihr Land und die Mentalität der Bevölkerung zu zeigen, die Offenheit, Hilfsbereitschaft und Freude widergeben.

Vielen Dank dafür an Hebert und Julio.

Urlaubspläne

Was machen wir, wenn wir von Ende März bis Mitte April vier Wochen frei haben? Zum Wandern ist es noch zu kalt, also peilen wir ein Ziel im warmen Süden an. Zufällig stoßen wir in einer Zeitschrift auf schöne Bilder von karibischen Traumstränden. Ja – da wollen wir hin. Also auf nach Mexiko!

Es bedurfte keiner sehr langen Vorplanung oder gar eines Trainings, wie in unserem ersten Buch „Wir Zwei – auf dem West Highland Way" beschrieben und der Weg ins Reisebüro war schnell gefunden. Aber nur Badeurlaub? Nein, das war uns dann doch zu wenig.

Wenn wir schon so eine weite Reise unternehmen, dann möchten wir auch etwas von Land und Leute kennenlernen. Und so kam es, dass wir mit einer Reisegruppe - ganz entgegen unserer sonstigen Reisegewohnheiten - zu einer Busrundreise aufbrachen. Mitgebracht haben wir als Souvenir einen bunten Blumenstrauss an Eindrücken und Bildern, welche wir in diesem Buch zusammengefasst haben.

Viva la Mexiko! Wir kommen ...

Die gepackten Koffer stehen bereit zum Einladen. Es ist 6:30 Uhr in der Früh, draußen schneit es leicht und die Temperaturen liegen weit unter dem Gefrierpunkt. Pünktlich fahren wir in Richtung Ulm ab, um dort mit dem ICE um 7:00 Uhr weiter in Richtung Frankfurt Flughafen zu reisen.

Diesen erreichen wir um 9:00 Uhr - unser Flug geht um 11:30 Uhr – ein perfektes Timing! Wir sind rechtzeitig da und hatten auch kein überraschendes Erlebnis mit der Deutschen Bahn (wie es schon manchmal vorgekommen ist). Unser Flieger startet mit einer kleinen Verzögerung und los geht unsere große und weite Abenteuer-Reise.

Im Flieger werden wir „unterhalten". Es handelt sich ja um einen sehr langen Flug und da müssen die Passagiere irgendwie beschäftigt werden. Die Flugbegleiter servieren uns ein typisches Flugzeug-Mittagessen – alles fein säuberlich in Zellophan eingepackt. Recht beengt sitzen wir Ellbogen an Ellbogen und versuchen vernünftig unsere Makkaroni auf die Gabel zu bringen. Beim Einsteigen war uns der Unterschied zu den Sitzplätzen der Business- bzw. der First Class noch nicht so bewusst gewesen – spätestens jetzt kennen wird den kleinen Unterschied. Nach dem Essen gibt es Unterhaltungsprogramm: An der Rückenlehne eines jeden Vordermannes ist ein kleiner Bildschirm mit Touchscreen eingebaut. Dort kann man sich verschiedene Dinge ansehen – Filme, Musik, die Bordzeitschrift und natürlich auch die Flugroute. Gebannt verfolgen wir das winzige Flugzeug, wie es im Schneckentempo über den Atlantik zuckelt.

Zwischendurch werden wir mit einem Imbiss gefüttert. Nach sehr langen zwölf Stunden in der immer gleich bleibenden Sitzposition – Resultat sind geschwollene Füße und steife Glieder – landen wir um 16:00 Uhr Ortszeit in Cancún. Die Zeitverschiebung beträgt 7 Stunden.

Nach dem üblichen Procedere bei der Ankunft in einem Flughafen (Gepäck, Einreise, Zoll) treten wir vor dem Terminal ins Freie. Daheim bei Minusgraden und Schneefall gestartet, sind wir einem Temperaturschock ausgesetzt.

Bei 30 Grad plus im Schatten kämpfen wir uns an den lauernden Taxifahrern vorbei und treffen auf eine Unzahl an Reiseveranstaltern mit ihren obligatorischen Schildern. Nachdem wir das zu uns gehörende Schild samt englisch sprechendem Betreuer gefunden haben, werden wir zu einer Betonsäule dirigiert, an der schon ein Paar aus Oberösterreich wartet. Sie sind ebenfalls Teilnehmer der von uns gebuchten Rundreise.

Irgendwann, bereits ziemlich durchgeschwitzt, verfrachtet man uns und unser Gepäck in einen Kleinbus. Und auf geht´s! Der Fahrer stürzt sich in das Gewirr des mexikanischen Straßenverkehrs – genau hinsehen dürfen wir nicht – aber wir landen dann doch wohlbehalten vor den Toren unseres gebuchten Hotels und werden dort an der Rückseite „ausgesetzt". Wir sind etwas verwundert über die Lage dieser Unterkunft - das Hotel befindet sich mitten in einem Einkaufsviertel, weitab von Strand und Touristengegend. Die Hotelbelegschaft nimmt uns herzlich in Empfang.

Dieses Businesshotel liegt ca. 7 km entfernt vom touristischen Zentrum Cancuns und dient nur dazu, uns zwischenzuparken und die Teilnehmer zu sammeln, bis die Rundreise am übernächsten Tag losgeht. Wir beziehen ein schönes, großes Zimmer und erkunden auch gleich die Umgebung des Hotels. Der zusätzliche Tag bis zum Start der Rundreise ist Gold wert. Wir können ausschlafen, uns an die Zeitverschiebung gewöhnen und uns etwas akklimatisieren.

Den nächsten Vormittag verbringen wir mit „Shopping" und staunen bereits im Supermarkt nicht schlecht beim Obst- und Gemüseregal: Was es hier so alles gibt! Vieles vom Angebotenen haben wir noch nie gesehen. Den Nachmittag verbringen wir gemütlich am Hotelpool – dieser entpuppt sich als schmal, lang und laut – er grenzt gleich an eine stark befahrene Straße. Wir genießen dort trotzdem die vormittags gekauften Leckereien.

Am Abend suchen wir uns ein hübsches Lokal und testen zum ersten Mal echte mexikanische Küche. Es gibt als Appetizer Nachos mit gebratenem Rindfleisch, Käse und Gemüse. Der nette Kellner bringt uns noch ein kühles Cerveza (Bier). Unsere Vorspeise entpuppt sich als so umfangreich, dass wir es dabei bewenden lassen und der Hauptgang ausfällt.

Am Abend findet im Hotel eine Besprechung unserer Rundreise statt, bei der wir unsere Mitreisenden kennenlernen – wir sind eine Gruppe von 40 Personen. Unsere beiden Reisebegleiter Hebert und Julio informieren uns über den Reiseverlauf und im Speziellen über den Ablauf des nächsten Tages. Noch am gleichen Abend richten wir unser Gepäck zusammen, um pünktlich am nächsten Morgen startklar zu sein.

Ungewohntes Gemüseangebot im Supermarkt in Cancún

Wohnhäuser der Mexikaner am Land

1. Tag

Cancún – Ek Balam – Valladolid

Da wir noch etwas mit der Zeitverschiebung kämpfen, ist es nicht sehr schwer, in der Früh aufzustehen. Wir sind beide bereits um fünf Uhr putzmunter und warten auf das Frühstück. Die Tour startet um 9:00 Uhr – pünktlich! Kurz vorher dürfen wir unsere Koffer in den Bus einladen und behalten nur das Handgepäck mit den Dingen, die wir tagsüber brauchen, bei uns. Hier ganz wichtig: Wasser, Sonnencreme, Kopfbedeckung.

Erstes Ziel des Tages ist die Maya-Stätte Ek Balam, welche wir nach einer fast dreistündigen, mit einer WC-Pause unterbrochenen Fahrt erreichen. Bereits im Bus erzählen uns beide Reiseleiter abwechselnd etwas über die Geschichte der Mayas und sehr viel über Land und Leute (siehe Informationsblocks im Buch). Angekommen in Ek Balam wird unsere Gruppe geteilt und wir schließen uns Hebert an, der uns gekonnt durch die Ausgrabungsstätte führt.

Der Weg zu den Pyramiden führt uns durch die große, offene Eingangshalle mit Toiletten, Ticketschalter und Shops für Getränke, gesäumt von schattenspendendem Baumbestand. Jede Menge Souvenir-Händler haben sich dort angesiedelt, welche Modelle von den Pyramiden, Masken und sonstiges Handwerk feilbieten.

Im Ausgrabungsbereich erklärt Hebert uns die Maya-Bauten, die Funktionen dahinter und die vorherrschende Gottheit. Hier in Ek Balam ist es der schwarze Jaguar, welcher an den Friesen, an allen Ecken und Eingängen gut zu erkennen ist. Wir haben genügend Zeit für Fotos und besteigen abschließend die Pyramide - trotz der hohen Temperaturen, die den Kreislauf sehr belasten. Von oben haben wir einen herrlichen Ausblick über den Dschungel von Yucatán. Angeblich kann man von hier die Pyramiden von Chichén Itzá und Cobá sehen. Nach ca. zwei Stunden Aufenthalt geht die Fahrt weiter und alle Teilnehmer sammeln sich beim Bus.

Unser nächster Halt nach einer Stunde Fahrt ist Río Lagartos, wo wir in einem offenen, mit Palmblättern gedeckten Haus ein Mittagessen bekommen. Es gibt Tacos, Guacamole, scharfe Soßen, gebratenen Fisch oder Huhn mit Gemüse und Reis, dazu – und ganz wichtig – Bier bzw. Limonade zum Durstlöschen.

Río Largartos ist ein Biosphärenreservat – eine sumpfige Lagunen- und Mangrovenlandschaft an der Nordküste von Yucatán. Hier ist die Heimat zahlreicher Wassertiere und Vögel, für die dieser Ort als Brut-, Lebens- und Überwinterungsgebiet dient. Darunter auch der rosarote Flamingo, auf den alle schon gespannt sind. Hier sollen wir eine Bootsfahrt durch die Lagune machen – leider warten wir vergeblich in brütender Hitze auf die bestellten Boote. Sie kommen nicht.

Nach einer Stunde des Wartens beschließen Hebert und Julio weiterzufahren, mit dem Versprechen, an einem anderen Ort die Bootstour nachzuholen. Leider sorgt dies für Missmut unter den Teilnehmern. Da wir jedoch rechtzeitig in Valladolid im Hotel ankommen müssen, gibt es keine Diskussionen mehr.

Nach zwei Stunden Busfahrt erreichen wir die Kolonialstadt Valladolid und beziehen in einem noblen, in mexikanischem Stil gebauten Hotel ein feudales Zimmer. Das Hotel hat fantastische Gartenanlagen, einen Pool und eine schöne Bar. Mit einer kurzen Wegbeschreibung ins Zentrum von Valladolid entlassen uns unsere Reisebegleiter für die freie Abendgestaltung. Maria und ich sind jedoch zu müde für einen Spaziergang. So suchen wir nur den ebenfalls beschriebenen Weg zum Supermarkt, den wir jedoch nicht finden. Wir landen in einem Laden, der neben wenigen Lebensmitteln eher als Treffpunkt der einheimischen Jugend und als Wettbüro fungiert. Wir decken uns mit Wasser für den nächsten Tag ein und gehen ohne Abendessen ins Bett.

Ek Balam

Ek Balam ist eine seit 1997 freigelegte Maya-Stadt. Die einstmals bedeutende Stadt liegt mitten im Urwald, 30 km nördlich von Valladolid und 170 km entfernt von der Küstenstadt Cancún. Der Name Ek Balam kommt aus dem yukatekischen Maya und bedeutet übersetzt „Schwarzer Jaguar". Ek Balam war von 400 v. Chr. bis 1540 bewohnt. Ihre Blütezeit erlebte die Stadt in den Jahren 700 bis 1000. Das Zentrum von Ek Balam ist ungefähr 1,25 km² groß und von einem Mauerring umgeben. Außerhalb des Rings erstreckte sich die Siedlung auf 12 km².

Die größte Pyramide, Akropolis genannt, ist 160 m lang und 31 m hoch. An der südlich ausgerichteten Hauptfassade verläuft in der Mitte eine mehrfach unterbrochene Treppe. Dort wurde jüngst ein gewaltiges Stuckrelief mit Figurenschmuck und einem imposanten Schlangenmauleingang entdeckt. Diese Maya-Stätte ist touristisch noch nicht so überlaufen und kennzeichnet sich durch die Ruhe inmitten des Buschwalds aus. Von der Hauptpyramide, eine der wenigen, die noch bestiegen werden darf, hat man zudem einen herrlichen Blick über den Dschungel bis zu den Pyramiden von Chichén Itzá und Cobá.

Ek Balam - Akropolis

Blick über den Dschungel

Der Ballspielplatz in Ek Balam

Vor dem Aufstieg auf die große Pyramide bei über 30 Grad

Yucatán

Wie sieht es denn dort aus?

Yucatán ist eine in das karibische Meer hinausragende Halbinsel, an deren Nordküste sich der Golf von Mexico befindet. Die Halbinsel, eine Kalksteinplatte, ist geologisch sehr flach. Durch das Eindringen von Regenwasser in das Kalkgestein wurde der Kalk stellenweise aufgelöst und es entstanden dadurch viele Einbrüche im Gelände. Diese Höhlen oder Löcher im Boden sind als Cenote bekannt. Es handelt sich hierbei um trockene Höhlen oder teilweise mit kristallklarem Wasser gefüllte Becken. Viele davon sind auch als Tropfsteinhöhlen ausgebildet. Grob betrachtet ist die Halbinsel Yucatan durchbrochen wie ein Schweizer Käse.

Die Kalkplatte ist nicht besonders fruchtbar. Auf dem Fels liegt eine dünne Sandschicht mit etwas Humus. Der Bewuchs ist niedrig, etwa 5 m hoch, bestehend aus Büschen, verschiedenen Bäumen und Agaven.

Von der Vorstellung, einen Urlaub mit Dschungelerlebnissen, Urwald, vielen bunten Blumen und interessanten Pflanzen zu verbringen, mussten wir spätestens nach der Landung in Cancún Abstand nehmen. Immergrünen Regenwald findet man nur im südlichen Teil der Halbinsel. Jedoch: Wo genug Wasser vorhanden ist, bzw. bewässert wird, gibt es Palmen, Orchideen, Tillandsien und sonstige tropische Gewächse zur Genüge. Besonders beeindruckt haben uns die in den Lagunen am Meer beheimateten Mangrovenwälder mit ihrer Vielzahl an Vögeln.

Natürlich gab es trotzdem noch genügend Pflanzen, Büsche und Bäume zu bestaunen, die in Europa nicht beheimatet sind. So zum Beispiel Hibiskusbüsche, bei uns nur als Zimmerpflanze bekannt, oder der Ohrenbaum, dessen Früchte wie Ohrmuscheln geformt sind.

Eine der bekanntesten Kulturpflanzen aus Mexico ist die Sisal-Agave, auch als Henequen bezeichnet. Aus dieser Naturfaser werden Taue, Seile und Auslegewaren hergestellt. Eine weitere Naturfaser ist Kapok, welche aus den Fruchtkapseln des Kapokbaumes gewonnen wird. Dieses Material wurde früher als Füllstoff unter anderem für Matratzen verwendet.

Kurz noch einen Ausflug zu Wetter bzw. Klima:

Während unseres Besuchs in der Trockenzeit war das Klima schwül, die Temperatur um die 30 Grad. Die Trockenheit konnten wir gut anhand der Pflanzen am Straßenrand beobachten, die schon sehr verdorrt aussahen. Neben der Fahrbahn registrierten wir Brandspuren und sichteten hin und wieder kleinere Brände, die durch weggeworfenen Müll entstanden waren. Julio erzählte uns, diese Brände entstünden durch weggeworfene Glasflaschen oder Glasscherben, die wie Brenngläser wirkten.

Laut Beschreibung unseres Reiseleiters wird bei Regen, welcher sintflutartig vom Himmel fällt, alles überschwemmt, das Wasser versickert jedoch sehr rasch wieder im Boden.

Rio Lagartos - Bootsanlegestellen

Niedriges Buschwerk kennzeichnet den Dschungel

Tag 2:

Valladolid – Chichén Itzá – Izamal – Yaxcopoil - Uxmal

Gestärkt durch ein ausgiebiges mexikanisches Frühstück - das beste Frühstück auf dieser Rundreise - brechen wir auf nach Chichén Itzá. Dies ist mit Abstand die weitläufigste Ausgrabungsstätte, die wir auf der Rundreise besuchen.

Laut unseren beiden Reiseführern ist der Großteil der ehemaligen Mayastadt noch im Urwald verborgen. Das bereits Freigelegte wird touristisch vermarktet – vor allem das Highlight, die imposante Pyramide des Kukulkán. Sie gehört zum Weltkulturerbe. Bemerkenswert ist ihre spezielle Ausrichtung nach der Sonne und den astrologischen Spielereien, die sich die Mayas da ausgedacht haben.

Nach einer interessanten Führung mit der Erklärung der Geschichte dieser Mayastadt treten wir restlos verschwitzt die Fahrt zur Cenote Ik Kil an. Dort haben wir freie Zeit zum Besuch bzw. einem Bad in der Cenote und bekommen einen Bon für das Mittagsbuffet im angrenzenden Lokal. Unser erstes Ziel ist ein kühles Bad in der Cenote, auf welches wir uns angesichts des heißen Vormittags schon freuen.

Man darf sich das bitte nicht als idyllischen Ort vorstellen – spätestens am Parkplatz, wo mehrere Reisebusse stehen, sollte einem klar sein, dass man hier ganz sicher nicht allein ist. Wie im Schwimmbad gibt es Umkleidekabinen mit Schließfächern und Dusch-/WC-Anlagen. Um in der Cenote schwimmen zu dürfen, muss man zuerst duschen, dann geht es schlüpfrige Steintreppen hinunter, zuerst oberirdisch, dann in einem Tunnel. Rechts hinunter, links hinauf - wir tappen den anderen Badefreudigen hinterher.

Unten erwartet uns eine unwirklich erscheinende Landschaft. Glaskares Wasser, umrahmt von steil aufragenden Felswänden an denen urwaldmäßige Pflanzen herunterwuchern. Man fühlt sich wie in einem Fantasyfilm. Viele Menschen warten darauf, an Holzleitern ins Wasser zu dürfen. Maria nimmt den Weg über die Leiter, ich passe in der Zwischenzeit auf unsere Sachen auf. Als Maria die knorrigen Sprossen wieder heraufklettert, nehme ich mir nicht mehr die Zeit zum Anstellen. Ein Sprung vom „Beckenrand" - 1 m Höhe - und drinnen bin ich – im kühlen Wasser. Ich schwimme zu der Stelle, an der die Sonne von oben in den ca. 30 – 40 m hohen Krater fällt, vom Rand kommen kleine Wasserfälle herunter. Im Wasser sind Seile gespannt, daran kann man sich festhalten. Eigentlich ist Schwimmwestenpflicht – diese Anweisung haben wir ignoriert, da wir beide gut schwimmen können. Nach dem Bad klettern wir erfrischt wieder an die Oberfläche und wenden uns dem Buffet zu – es erwarten uns lauter gute Sachen: Fleisch mit sämiger Soße, Huhn, Fisch und Gemüse.

Pünktlich steigen wir in unseren Reisebus und nehmen die Fahrt wieder auf. In Itzamal hält der Bus für einen Fotostopp um die dortige Klosteranlage der Franziskaner zu besichtigen. So einen großen Klosterinnenhof habe ich noch nie gesehen. Am Vortag, das war der Karfreitag, fand dort die „Kreuzigungsfeier" statt. Dies wird in Mexiko sehr anschaulich und intensiv mit einem gespielten Kreuzweg und bunten Umzügen gefeiert. Im Innenhof waren drei Holzkreuze aufgerichtet, von welchen noch die losen Seile und Binden herabhingen. Diese dienten zur Befestigung der „Darsteller" - die Blutspuren an den Balken sprachen für sich. Beim Betreten der Kirche erhalte ich vom Aufseher eine Rüge, da ich es verabsäumt habe, meine Kappe abzunehmen. Die sind hier sehr katholisch!

Unser nächster Halt ist in Yaxcopoil. Während des kurzen Aufenthalts haben wir die Gelegenheit, auf eigene Faust eine Hazienda zu besichtigen. Eine Hazienda ist eine „Farm" im größeren Stil. Diese war schon seit Ende der Kolonialzeit nicht mehr in Betrieb und fungiert nun als Museum. Hauptanbauprodukt dieser Hazienda war Sisal (Henequen). Zu besichtigen sind die Produktionsstätten und die Wohnräume der Besitzer. Das Wohngebäude ist in einen wunderbaren Garten mit herrlichen Blumen und faszinierendem Baumbestand eingebettet. Besonders beeindruckt hat mich die feudale und noch aus der Kolonialzeit stammende Einrichtung.

Nach diesem Zwischenstopp geht die Fahrt weiter bis zur Mayastadt Uxmal, die wir am nächsten Morgen besuchen werden. Gleich gegenüber der Ausgrabungsstätte nehmen wir in einem noblen Hotel Quartier. Eine sehr luxuriöse Anlage, leider etwas laut, da einige Jugendgruppen untergebracht sind. Abends bestellen wir uns im Restaurant Quesadillas und sind sehr enttäuscht über die lieblos zusammengeklappten Tortillas mit etwas Käsefüllung darin. Es schmeckt wie lauwarm gebratener, fettiger Karton.

Die Pyramide des Kukulkan gehört zum Weltkulturerbe

Das weitläufige Gelände von Chichén Itzá

Ein Ausschnitt aus der Gruppe der 1000 Säulen

Chichén Itzá - mit Sisal-Agaven im Vordergrund

Die Cenote Ik Kil - Blick nach oben

Beim Baden in der Cenote Ik Kil

Itzamal - Klosteranlage mit Kreuzen im Hintergrund

Der imposante Kreuzgang mit Kirche

Die Hazienda in Yaxcopoil

Sisal-Agaven vor der Hazienda

In der Hazienda steht noch die Original-Einrichtung

Die Terasse zum Garten

Chichén Itzá

Eine der meistbesuchten archäologischen Ausgrabungsstätten in Mexiko ist Chichén Itzá mit rund 2 Millionen Gästen pro Jahr. Chichén Itzá zählt zum Weltkulturerbe und ist eines der „Neuen Weltwunder". Erbaut bzw. besiedelt wurde die Majastadt 400 n. Chr. und erreichte 800 – 900 n. Chr. ihre erste Blütezeit. Sie erstreckt sich auf eine Fläche von 1547 Hektar. In dieser Stadt ist die Architektur der Majas und der Tolteken verschmolzen. Ein besonderes Highlight ist sicher das ungewöhnliche Schauspiel, welches zwei Mal jährlich zur Tagundnachtgleiche in Chichén Itzá zu beobachten ist, und zahlreiche Besucher anlockt. Mit dem Schattenwurf der Sonne entsteht der Eindruck einer sich langsam an der Pyramide herabwindenden Schlange.

Die Majas hatten ein komplexes Kalender- und Schriftsystem, wovon viele Details in den Ruinen noch erhalten sind. Sie kannten jedoch weder eine Töpferscheibe noch ein Rad.

Während der Regentschaft des toltekischen Königs Quetzalcóatl kam es zur Verschmelzung beider Kulturen – der Majas und der Tolteken.

Das berühmteste Bauwerk ist die Pyramide des Kukulkan, „El Castillo" genannt, mit 365 Stufen. Es ist insgesamt 30 m hoch. Am Fußende der Treppen befinden sich Schlangenköpfe, welche als Symbol in Chichén Itzá dominieren. Daneben liegt der größte Ballspielplatz des Landes, welcher zudem sehr gut erhalten ist. Ein weiteres Monument ist die Caracol (Schneckenhaus), ein Observatorium, dessen Kuppel innen eine spiralförmige Treppe aufweist. Bemerkenswert ist auch die Gruppe der Tausend Säulen, die 1990 restauriert wurde. Diese Säulenreihen umgeben den Templo de los Guerreros (Tempel der Krieger) und waren ursprünglich überdacht.

Chichén Itzá mit seinen Millionen an Besuchern ist sehr überlaufen. Jedoch die Vielzahl an gut erhaltenden Gebäuden und die kunstvollen Details rechtfertigen einen Besuch. Viele Bauten sind noch im Dschungel begraben und werden peu à peu freigelegt.

Itzamal – die gelbe Stadt

Yucatáns größte Klosteranlage, errichtet von Franziskanermönchen, steht in Izamal. Auf der Plattform einer Pyramide ist ein riesiges Atrium errichtet, das von 75 Arkadenbögen umschlossen ist. In der recht schlichten Kirche befindet sich die Statue der Schutzheiligen von Yucatán, der Virgen de la Inmaculada Concepción. Die gesamte Klosteranlage und auch viele Gebäude in der Stadt sind gelb gestrichen – daher die Bezeichnung „Die gelbe Stadt".

Ostern wird in Mexiko nach spanischer Tradition gefeiert und ist eines der wichtigsten religiösen Feste. Im ganzen Land finden bunte Prozessionen mit Blumendekorationen, Früchten und Fahnen statt. Die Feierlichkeiten dauern zwei Wochen, von Palmsonntag bis zur Wiederauferstehung. Höhepunkt der Festlichkeiten ist oftmals die Nachstellung der Kreuzigungsszene.

3. Tag:

Uxmal – Kakao-Museum
– Celestún - Mérida

Am nächsten Morgen teilen wir unser Frühstücksbuffet mit den Schülern, wobei es recht unruhig zugeht. Dafür entschädigt uns die Besichtigung von Uxmal. Diese Mayastätte gefällt mir am besten. Ein großer Vorteil zeigt sich in unserem frühen Besuch, es tummeln sich noch sehr wenige Touristen und die Temperaturen sind erträglich. In Uxmal dominiert das Motiv der Masken, die alle Fassaden, Ecken und Türeingänge verzieren.

Nach der Tour besuchen wir das auf der anderen Straßenseite gelegene Kakao-Museum – mit dabei natürlich eine Verkostung genannten Getränks.

Nach Durchqueren des Eingangsbereichs (Shop und Ticketschalter) wandern wir durch einen wunderbaren botanischen Garten, der Weg führt uns von einem mit Palmblättern gedeckten Häuschen zum nächsten. In den Hütten wird die Geschichte des Kakaoanbaus, der Verarbeitung und Vermarktung modern und anschaulich präsentiert. Dazwischen befinden sich Gehege mit Tieren, u.a. auch ein Jaguar, der hier gesundgepflegt wird.

In einer etwas größeren Hütte findet die „Kakaoverkostung" statt. Eine Museumsmitarbeiterin erklärt uns, wie Kakao früher bei den Mayas zubereitet wurde. Die gerösteten Bohnen wurden auf Stein zerrieben und diese Masse dann mit Wasser verkocht. Ganz ehrlich – er schmeckte scheußlich, sehr bitter und extrem dickflüssig – da hilft auch viel Zucker nicht.

Hingegen das Knabbern von gerösteten Kakaobohnen ist sehr schmackhaft, zwar auch mit einem bitteren Geschmack, aber das Aroma der Schokolade kommt hier sehr gut zur Geltung.

Mittags werden wir von unseren Reiseleitern zwangsbeglückt. Sie verfrachten uns in ein Lokal – eindeutig für Touristen gemacht – mit dem Versprechen, dort eine Maya-Spezialität genießen zu dürfen. Zubereitet wird diese Spezialität, ein Fleischgericht, folgendermaßen: in einer circa einen Meter tiefen, betonierten Grube wird eine metallenen Bratwanne, gefüllt mit Fleisch (Huhn, Rind) und Gemüse, auf Holzkohlenglut gebettet und gut verschlossen eingegraben.

Wir dürfen bei Ankunft zu Mittag zusehen, wie der Garbehälter ausgegraben und herausgehoben wird. Das darauffolgende Essen ist einfach himmlisch – man hat uns nicht zu viel versprochen. Dazu serviert der Wirt gebackene Kartoffeln, die sich oben auf dem Gargut in Folie gewickelt befunden hatten. Vor diesem Festmahl gibt es als Vorspeise die obligatorische Guacamole; sehr, sehr scharfe Soßen, Tortillas und - als Nachtisch Obstsalat.

Das Highlight dieses Essens ist aber die Inszenierung des Wirts von „La Cucaracha" – das Lied ist sicher jedem bekannt. Bei dieser Showeinlage darf bzw. muss jeder mitmachen: Man bekommt einen überdimensionalen Sombrero aufgesetzt, dann ein Glas „La Cucaracha" (Tequila, Kaffeelikör und Mineralwasser) – und hopp - hinunter damit. Es schmeckt sehr gut und süß, und nicht wenige lassen sich zu einem zweiten Glas überreden. Die abgelieferte Show, untermalt mit dem bekannten Lied, macht allen großen Spaß. Nach diesem unterhaltsamen und vor allem ausgezeichneten Mittagessen, nehmen wir unsere Fahrt wieder auf.

Es geht an die Nordküste von Yucatán, in den bereits touristisch erschlossenen Ort Celestún. Kurz vor dem Ort fahren wir bereits durch Mangrovenwälder, die diese Küstengegend auszeichnen.

Das Besucherzentrum mit Shops und Verpflegungsstationen liegt direkt an der Lagune. An vielen Stegen sind die Boote für die Touristen festgemacht. Jeweils in Sechsergruppen teilen wir uns auf die Boote auf, legen die Schwimmwesten an und los geht die rasante Fahrt.

Entlang der Lagune, die immer wieder mit kleinen Inseln und Schilfgürteln unterbrochen ist, erreichen wir eine Vogelinsel. Dort nisten unzählige Pelikane mit ihren typischen großen Schnäbeln. Fregattvögel gleiten über uns hinweg, Möwen sind zu sehen und auch Kormorane drängen sich dicht auf den Ästen des Mangrovenbewuchses.

Die Hauptattraktion dieser Bootstour sind natürlich die rosa Flamingos. Wir haben großes Glück und können eine riesige Kolonie im Flachwasser einer Bucht beobachten. Allzu nahe dürfen die Bootsführer nicht heranfahren, die Tiere sind sehr scheu.

Spannend ist dann auch der Rückweg, die Fahrt geht quer durch Mangrovenwälder, die mit vielen schmalen Kanälen durchzogen sind. Hier kommt man sich vor wie im Urwald. Selbst neben dem lauten Außenbordmotor hört man die Geräuschkulisse von Vogelgezwitscher und das Zirpen vieler Insekten. Auf einem abgestorbenen Ast entdecken wir noch ein Baby-Krokodil. Also - Baden ist hier nicht zu empfehlen.

Im Geäst auf starken Zweigen sehen wir riesige Termitennester.

Unsere Bootsführer machen sich noch am Rückweg zum „Hafen" einen Spaß und liefern sich ein Motorbootrennen. In atemberaubendem Tempo kreuzen sie mit uns an Bord quer über die Lagune. Mit einem kleinen Trinkgeld für die tolle Tour verabschieden wir uns von den netten Jungs.

Vom Wind zerzaust und von der Sonne, trotz starkem Sonnenschutz, etwas aufgebrannt, suchen wir im Besucherzentrum Schatten und vor allem Wasser zum Trinken. Die Tour hat ungefähr eine Stunde gedauert und mit vielen neuen Eindrücken steigen wir wieder zufrieden in unseren Bus.

Nach längerer Fahrt erreichen wir gegen Abend Mérida. Mit einer kleinen Stadtrundfahrt kennenlernen. Der Abend steht uns zur freien Verfügung und viele unserer Mitreisenden machen sich noch ins Zentrum der Hauptstadt von Yucatán auf.

Maria und ich beziehen ein wunderhübsches Zimmer und trotz der Müdigkeit raffen wir uns noch zu einem kurzen Rundgang entlang der Avenue, an der das Hotel liegt, auf. Entlang dieser Prachtstraße liegen wunderschöne Villen und prunkvolle Bauten aus der Kolonialzeit.

An diesem Abend findet auf einem Platz am Ende der Straße eine Fiesta Mexicana statt. Dort wird Kunsthandwerk und Schmuck angeboten, selbstgemachte Sachen und Textilien. Für das leibliche Wohl sorgen diverse Verpflegungsstände mit für uns sehr verlockenden Speisen, die wir noch nicht probiert haben.

Es wird zwar in jedem Reiseführer darauf hingewiesen, die Finger von Speisen zu lassen, die auf der Straße angeboten werden, aber hier können wir nicht wiederstehen. Es riecht alles so herrlich.

Hygiene gibt's hier keine. Hier wird mit den Händen gebratenes Fleisch zerrupft und mit bloßen Fingern Maistortillas belegt. Wir probieren Pollo mole poblano, das ist Huhn in Schokosoße, auf Bohnenpüree mit Reis. So etwas Gutes habe ich noch nie gegessen. Als Zugabe versuchen wir in Fett gebratene Flautas, das sind Teigtaschen mit Fleischfülle.

Am Platz gibt es noch musikalische Darbietungen, denen wir eine Weile zuhören. Müde machen wir uns auf den Rückweg zum Hotel, nicht ohne vorher noch das von unserem mexikanischen Reiseleiter empfohlene Eis aus der Frucht Mamae in einer Eisdiele zu probieren. Für uns Europäer ist dies ein sehr ungewohntes, sehr süßes Geschmackserlebnis.

Uxmal

80 km südlich von Mérida befindet sich Uxmal. Die Stadt erreichte in der späten Mayaklassik ihre Hochblüte. Sie wird überragt von der Pyramide des Zauberers, die mit 38 m Höhe und einem ovalen Grundriss mehrmals überbaut wurde.

Besonders beeindruckend ist in dieser archäologischen Anlage der Palast des Gouverneurs, ein auf einer hohen Plattform errichtetes Gebäude mit einer Länge von 100 m. Allein die Treppe hinauf weist eine Breite von 40 m auf. Der Großteil der Gebäude ist, wie in den anderen Ausgrabungsstätten auch, noch immer unter dem dichten Dschungel verborgen. An fast allen Gebäuden findet man das Symbol der Maske.

Bei allen Mayastätten ist es für uns sehr angenehm, diese mit einem kompetenten Führer zu besichtigen. Er zeigt uns die wichtigsten Gebäude, erklärt die Funktionen - soweit bekannt - und gibt uns noch genügend Zeit für eigene Erkundungen.

In Uxmal finden sich sogar noch dauerhafte Bewohner – an allen Ecken und auf vielen Steinen thronen prächtige Leguane, die sich gerne fotografieren lassen.

Die Pyramide des Zauberers

Das Tor zum Innenhof

Uxmal ist eine monumentale Anlage

Immer wiederkehrendes Symbol in Uxmal - Masken

Blick auf den Innenhof

Leguane - ständige Bewohner Uxmals

Die Botanische Anlage im Kakao-Museum

Verschiedene Kakao-Bohnen im Museum

Die betonierte Grube für eine mexikanische Garmethode

Wunderbares Mittagessen aus der Grube

Maria und La Cucharacha

Gebartes Huhn, Kartoffel, Reis, Salat, Guacamole, Bohnen

In den Mangroven von Celestún

Überall brüten Pelikane, Fregattvögel und Kormorane

Kristallklares Wasser zwischen Mangroven

Beeindruckende Wurzelsysteme

Land und Leute:

Schnappschüsse während der Fahrt

Beim Blick aus dem Busfenster hat sich mir die Frage gestellt: Sind die Mexikaner arm? Wie geht es ihnen eigentlich? Was denken sie, wenn wir Touristen, die alles haben, so durch ihren Ort fahren?

Während der Fahrt durch die Dörfer sehen wir durchwegs nur niedere Häuser, teilweise verfallen, in Bau befindlich, für unsere Verhältnisse desolat. Viele Dinge oder auch Müll liegen herum. Aber es hängt Wäsche an der Leine, Eltern spielen mit ihren Kindern, teilweise sind die Hausfassaden bunt bemalt. Einzelne Geschäfte sind vorhanden, an kleinen Ständen wird Streetfood verkauft.

Beim Kontakt mit den dortigen Menschen, die stets Ruhe ausstrahlen, freundlich und gelassen wirken, gewinne ich einen positiven und angenehmen Eindruck von der Bevölkerung. Ich spüre die Zufriedenheit, die sie mit ihrem Leben haben. Es ist eine andere Art zu leben - nicht vergleichbar mit der Konsumwelt, unserem vermeintlichen Wohlstand und der Hektik, die bei uns herrscht.

Julio, unser Reiseleiter, bestätigt mir auch meinen Eindruck. Die Mexikaner sind zufrieden. Der Schwerpunkt ihres Daseins liegt im Leben, nicht im Haben: Die Wohnung ist nicht wichtig und das tägliche Leben spielt sich im Freien ab. Für die Mexikaner ist gemeinsam essen und Geselligkeit wichtig. Sie sind von der Mentalität her ruhig, freundlich, entgegenkommend und hilfsbereit.

Auf den Plätzen hinter ihren Hütten oder Häusern bauen die Bewohner Gemüse und Obst für den

Eigenbedarf an, Hühner flattern durch die Vorgärten, und sorgen so für sich selbst. Überschuss wird auf den zahlreichen Märkten in den Städten angeboten. In den Kleinstädten finden viele Menschen Beschäftigungen im Dienstleistungsgewerbe und im Tourismus. Einkaufszentren und Supermärkte gibt es nur in den wenigen größeren Städten.

Mayas bzw. deren Nachfahren:

Es gibt Nachfahren der Mayas. Von unserem Reiseleiter Julio erfahren wir, dass Mayas nicht als Indios, Indianer oder Indigene bezeichnet werden wollen, dies gilt dort als Schimpfwort.

Die korrekte Bezeichnung lautet Maya bzw. Nachfahren der Maya oder auch Mayasprechende.

Es gibt viele verschiedene Maya-Sprachen, die jedoch keine Dialekte sind, sondern eigenständige Sprachen.

Die Frauen der Maya arbeiten. Sie stellen Handwerk her, weben und verkaufen ihre Produkte selbst auf dem Markt. Im Restaurant und in den Hotels arbeiten fast nur Männer.

Ein Markttag in Mexiko

Ein Besuch auf einem mexikanischen Markt ist ein Erlebnis. Nicht nur visuell, alles ist bunt, exotisch, interessant und vielfältig, sondern auch eine olfaktorische Herausforderung. Man wird mit verschiedensten Düften, Gerüchen und auch unangenehmen Gestank bombardiert. Die Mexikaner kommen bereits zum Frühstück dort hin. Geöffnet ist der Marktplatz und die Hallen bereits ganz in der Früh und bis spät abends. Es gibt viele Garküchen und dort, eng gedrängt, Tische zum Essen. Gebratenes Fleisch wird zerrupft, mit Gemüse und Soße scharf gewürzt in Fladen gewickelt. Bunte Fruchtsäfte in großen Bechern mit viel Eis werden angeboten.

In der nächsten Reihe der Buden werden Tortillas produziert. Wir können zusehen, wie sie gemacht werden: die Maiskörner werden zu Brei verarbeitet, daraus entsteht ein fester Teig. Ein weiteres Gerät rollt den Teig aus und in einer Maschine werden die Tortillas rund ausgestochen. Diese werden dann auf einer heißen Platte gebacken. Oft sind die einzelnen Schritte mit einem kleinen Fließband verbunden. In diesen Bäckereien wird auch Weißbrot angeboten.

Die Stände mit Obst und Gemüse lassen uns staunen. Sehr viele der Produkte sind uns unbekannt. Der nächste Händler verkauft Schmuck, Schuhe, Haushaltsartikel und Spielwaren.

Fleisch, Fisch und Geflügel gibt es frisch, oft noch lebend. Auch Haustiere, für Europäer kein schöner Anblick, stapeln sich in engen Käfigen. Es riecht streng, nach Essen, Gegrilltem, Stallmist, Schlachtabfall oder nach frisch geschnittenem Obst.

Die Gänge in der Markthalle sind eng aneinander gedrängt, viele kleine Stände, dazwischen sitzen Mayafrauen am Boden und verkaufen ihr wenigen Tomaten, Chilis oder einen Bund Kräuter.

Typisches Mayahaus Entlang der Fahrtroute

Mexikaner lieben farbenfrohe Häuser

So lebt man in Mexiko

Schilfgedeckte Häuser - so lebten bereits die Mayas

Blick aus der Hoteleinfahrt

Eine Kirche am Straßenrand

Ein Gemüsestand im Markt in Merida

Ein Stand mit exotischen Gewürzen

Sehr viele unbekannte Obstsorten

Auch Haustiere und Nutzvieh werden angeboten

4. Tag:

Mérida – Tulum – Riviera Maya

Der nächste Tag beginnt nach dem Frühstück mit einem Besuch auf dem Markt in Mérida. Da wir den ganzen Tag über kein Mittagessen erhalten werden, kaufen wir uns dort noch etwas Obst, unter anderem auch eine Mamae, ... aber auch nur, weil sie so gut aussah. Der Markt befindet sich teilweise in Hallen, es gibt aber auch Stände im Freien. Wie genau es dort aussieht, riecht und was es alles zu kaufen gibt, entnehmen Sie bitte dem Infoblock über Märkte in Mexiko.

Nach einer sehr langen Busfahrt erreichen wir das an der Südküste Yucatáns gelegene Tulum. Hier befindet sich die einzige Mayastätte, die am Meer liegt und hier sind auch die meisten Touristen. Der Busparkplatz ist weitab von den Ausgrabungen, wir müssen circa eine Viertelstunde entlang der Zubringerstraße zum Besucherzentrum marschieren – bei über 30 Grad Hitze. Zudem liegt die Ausgrabungsstätte ohne nennenswerten Baumbestand in der prallen Sonne.

Durch ein Steintor – die ganze Anlage ist mit einer Mauer umgeben – gelangen wir ins Gelände mit den Maya-Bauten. Tulum ist überschaubar – nicht so wie zum Beispiel Chichén Itzá, das mit Abstand die größte Dimension aufweist.

Hebert erklärt uns wie gewohnt fachmännisch fundiert die Bauten, wir machen Fotos und spazieren entlang der steil abfallenden Küste wieder retour.

Im Touristencenter rund um den Eingang dürfen wir noch einige Maya-Krieger in voller Montur und eine Danza del Volador, oder auch Juego del Volador genannt, miterleben. Das ist ein zeremonieller Tanz, bei dem mehrere weiß-rot gekleidete Männer kopfüber an Seilen an einem sehr hohen Mast hängen. Dieser dreht sich und dabei rollen sich die Seile an einer Winde ab. Die „Tänzer" fliegen wie bei einem Karussell rundherum und schrauben sich im Rhythmus von Trommelklängen dem Erdboden entgegen. Es sieht toll aus.

Mit dem Besuch von Tulum beenden wir unsere Yucatán Highlights-Rundreise. Während dieser vier Tage haben wir einen guten Überblick über die Welt der Maya erhalten. Auch dürfen wir viele Impressionen vom Leben in Mexiko, von der Geschichte und von Land und Leute mit nach Hause nehmen.

Auch wenn diese viertägige Rundreise sehr touristisch ausgelegt war, hatten wir großen Spaß daran und können sie gerne weiterempfehlen. Natürlich kann man Mexiko auch auf eigene Faust erforschen, das benötigt jedoch etwas mehr Zeit und bessere Sprachkenntnisse.

Bereits am Parkplatz verabschieden sich einige unserer Reiseteilnehmer, die an andere Orte gebracht werden. Wir werden mit dem Bus um 16:00 Uhr an unserem Urlaubshotel abgesetzt. Nach einer herzlichen Verabschiedung von Hebert und Julio und unseren Freunden im Bus treten wir unseren Erholungsurlaub am karibischen Meer an.

Tulum

Tulum liegt an der Riviera Maya rund 130 Kilometer südlich von Cancún. Die Stadt war seit ca. 1200 bewohnt und galt im 13. und 14. Jahrhundert als eine der größeren Städte der Halbinsel Yucatán.

Die wichtigsten Gebäude sind das sogenannte „Schloss", der „Tempel des Herabsteigenden Gottes", der „Tempel des Windes" und der „Freskentempel". Die Stadt ist von einer zum Meer hin offenen Stadtmauer umgeben.

Die Lage von Tulum eignete sich sehr gut zur Beobachtung des Sternenhimmels, insbesondere der Venus. Demnach konnte der Maya-Kalender an solchen Plätzen erstellt und ständig überprüft werden. Kleine Fensteröffnungen zeigen noch heute die Ausrichtung und Weiterleitung von Sonnenstrahlen zur Wintersonnenwende.

Tulum - einzige Mayastätte am Meer

Tulum ist die kleinste von uns besuchte Ausgrabungsstätte

Der Ausblick von Tulum auf das Meer

Die Danza del Volador

Der Ausblick aus dem Hotelzimmer an der Riviera Maya

Das Meer läd zum Schnorcheln ein

Eine Folkloredarbietung in der Hotelanlage

Maria mit ihrem Fundstück

Auf dem Weg zur Bootstour im Nationalpark Sian Káan

Durch den Nationalpark Sian Káan (Extratour)

Eine Meeresschildkröte im türkisblauen Meer

Sonja im Bootshaus

Wir Zwei:

Sonja Kofelenz, geb. 1967, lebt mit ihrer Familie in Reutte und arbeitet als Bibliothekarin. Interessen: Lesen, Musik, Kultur, Garten und Wandern.

Maria Kofelenz, geb. 1998, studiert Biologie. Interessen: Bücher, Malen und Zeichnen, Wandern.

Dankeschön:

Ohne Unterstützung wäre dieses Buch nicht so schön geworden. Vielen herzlichen Dank an Birgit Maier-Ihrenberger für das Lektorat und Andreas Schretter für die Beratung beim Layout.